MW00474610

THIS NOTEBOOK BELONGS TO:

NAME • _____

CONTACT • _____

EMAIL • _____

Copyright © Emily Grace

All rights reserved. This book or parts thereof may not be reproduced in any form, stored in any retrieval system, or transmitted in any form by any means - electronic, mechanical, photocopy, recording, or otherwise - without prior written permission of the publisher, except as provided by United States of America copyright law.

A

Client Name ....

Address ....

....

Phone .... Mobile ....

Email ....

Notes ....

....

B
C
D
E
F
G
H
I
J
K
L
M
N
O
P
Q
R
S
T
U
V
W
X
Y
Z

Date / Time	Service	Price
....	.... NOTES	
....	.... NOTES	
....	.... NOTES	
....	.... NOTES	
....	.... NOTES	
....	.... NOTES	
....	.... NOTES	
....	.... NOTES	
....	.... NOTES	
....	.... NOTES	
....	.... NOTES	
....	.... NOTES	
....	.... NOTES	
....	.... NOTES	

Client Name

Address

Phone   Mobile

Email

Notes

Date / Time	Service	Price
	NOTES	
	NOTES	
	NOTES	
	NOTES	
	NOTES	
	NOTES	
	NOTES	
	NOTES	
	NOTES	
	NOTES	
	NOTES	
	NOTES	
	NOTES	
	NOTES	

A

Client Name_____

Address_____

_____

Phone_____ Mobile_____

Email_____

Notes_____

_____

Date / Time	Service	Price
	NOTES	
	NOTES	
	NOTES	
	NOTES	
	NOTES	
	NOTES	
	NOTES	
	NOTES	
	NOTES	
	NOTES	
	NOTES	
	NOTES	
	NOTES	

B C D E F G H I J K L M N O P Q R S T U V W X Y Z

Client Name

Address

Phone _____ Mobile _____

Email

Notes

Date / Time	Service	Price
	NOTES	
	NOTES	
	NOTES	
	NOTES	
	NOTES	
	NOTES	
	NOTES	
	NOTES	
	NOTES	
	NOTES	
	NOTES	
	NOTES	
	NOTES	
	NOTES	

B
C
D
E
F
G
H
I
J
K
L
M
N
O
P
Q
R
S
T
U
V
W
X
Y
Z

Client Name

Address

Phone _____ Mobile _____

Email

Notes

B
C
D
E
F
G
H
I
J
K
L
M
N
O
P
Q
R
S
T
U
V
W
X
Y
Z

Date / Time	Service	Price
	NOTES	
	NOTES	
	NOTES	
	NOTES	
	NOTES	
	NOTES	
	NOTES	
	NOTES	
	NOTES	
	NOTES	
	NOTES	
	NOTES	
	NOTES	
	NOTES	

Client Name

- Address
- Phone   Mobile
- Email
- Notes

A

Date / Time	Service	Price
	NOTES	
	NOTES	
	NOTES	
	NOTES	
	NOTES	
	NOTES	
	NOTES	
	NOTES	
	NOTES	
	NOTES	
	NOTES	
	NOTES	
	NOTES	
	NOTES	

B C D E F G H I J K L M N O P Q R S T U V W X Y Z

B

Client Name

Address

Phone _____ Mobile _____

Email

Notes

Date / Time	Service	Price
	NOTES	
	NOTES	
	NOTES	
	NOTES	
	NOTES	
	NOTES	
	NOTES	
	NOTES	
	NOTES	
	NOTES	
	NOTES	
	NOTES	
	NOTES	
	NOTES	

Client Name

Address

Phone   Mobile

Email

Notes

Date / Time	Service	Price
	NOTES	
	NOTES	
	NOTES	
	NOTES	
	NOTES	
	NOTES	
	NOTES	
	NOTES	
	NOTES	
	NOTES	
	NOTES	
	NOTES	
	NOTES	
	NOTES	

A

B

C

D

E

F

G

H

I

J

K

L

M

N

O

P

Q

R

S

T

U

V

W

X

Y

Z

Client Name

Address

Phone   Mobile

Email

Notes

Date / Time	Service	Price
	NOTES	
	NOTES	
	NOTES	
	NOTES	
	NOTES	
	NOTES	
	NOTES	
	NOTES	
	NOTES	
	NOTES	
	NOTES	
	NOTES	
	NOTES	
	NOTES	

Client Name

Address

Phone   Mobile

Email

Notes

A
B
C
D
E
F
G
H
I
J
K
L
M
N
O
P
Q
R
S
T
U
V
W
X
Y
Z

Date / Time	Service	Price
	NOTES	
	NOTES	
	NOTES	
	NOTES	
	NOTES	
	NOTES	
	NOTES	
	NOTES	
	NOTES	
	NOTES	
	NOTES	
	NOTES	
	NOTES	
	NOTES	

Client Name

Address

Phone _____ Mobile _____

Email

Notes

Date / Time	Service	Price
	NOTES	
	NOTES	
	NOTES	
	NOTES	
	NOTES	
	NOTES	
	NOTES	
	NOTES	
	NOTES	
	NOTES	
	NOTES	
	NOTES	
	NOTES	
	NOTES	

A
B
C
D
E
F
G
H
I
J
K
L
M
N
O
P
Q
R
S
T
U
V
W
X
Y
Z

Client Name

Address

Phone   Mobile

Email

Notes

Date / Time	Service	Price
	NOTES	
	NOTES	
	NOTES	
	NOTES	
	NOTES	
	NOTES	
	NOTES	
	NOTES	
	NOTES	
	NOTES	
	NOTES	
	NOTES	
	NOTES	
	NOTES	

A
B

C

D
E
F
G
H
I
J
K
L
M
N
O
P
Q
R
S
T
U
V
W
X
Y
Z

Client Name

Address

Phone _____ Mobile _____

Email

Notes

Date / Time	Service	Price
	NOTES	
	NOTES	
	NOTES	
	NOTES	
	NOTES	
	NOTES	
	NOTES	
	NOTES	
	NOTES	
	NOTES	
	NOTES	
	NOTES	
	NOTES	
	NOTES	

Client Name

Address

Phone   Mobile

Email

Notes

Date / Time	Service	Price
	NOTES	
	NOTES	
	NOTES	
	NOTES	
	NOTES	
	NOTES	
	NOTES	
	NOTES	
	NOTES	
	NOTES	
	NOTES	
	NOTES	
	NOTES	

Client Name

Address

C

Phone   Mobile

Email

Notes

Date / Time	Service	Price
	NOTES	
	NOTES	
	NOTES	
	NOTES	
	NOTES	
	NOTES	
	NOTES	
	NOTES	
	NOTES	
	NOTES	
	NOTES	
	NOTES	
	NOTES	
	NOTES	

Client Name

Address

Phone   Mobile

Email

Notes

Date / Time	Service	Price
	NOTES	
	NOTES	
	NOTES	
	NOTES	
	NOTES	
	NOTES	
	NOTES	
	NOTES	
	NOTES	
	NOTES	
	NOTES	
	NOTES	
	NOTES	
	NOTES	

C

Client Name

Address

Phone   Mobile

Email

Notes

Date / Time	Service	Price
	NOTES	
	NOTES	
	NOTES	
	NOTES	
	NOTES	
	NOTES	
	NOTES	
	NOTES	
	NOTES	
	NOTES	
	NOTES	
	NOTES	
	NOTES	
	NOTES	

Client Name

Address

Phone_____ Mobile_____

Email

Notes

Date / Time	Service	Price
	NOTES	
	NOTES	
	NOTES	
	NOTES	
	NOTES	
	NOTES	
	NOTES	
	NOTES	
	NOTES	
	NOTES	
	NOTES	
	NOTES	
	NOTES	
	NOTES	

Client Name

Address

Phone   Mobile

Email

Notes

Date / Time	Service	Price
	NOTES	
	NOTES	
	NOTES	
	NOTES	
	NOTES	
	NOTES	
	NOTES	
	NOTES	
	NOTES	
	NOTES	
	NOTES	
	NOTES	
	NOTES	
	NOTES	

Client Name

Address

Phone _____ Mobile _____

Email

Notes

Date / Time	Service	Price
	NOTES	
	NOTES	
	NOTES	
	NOTES	
	NOTES	
	NOTES	
	NOTES	
	NOTES	
	NOTES	
	NOTES	
	NOTES	
	NOTES	
	NOTES	
	NOTES	

A
B
C

D

E
F
G
H
I
J
K
L
M
N
O
P
Q
R
S
T
U
V
W
X
Y
Z

Client Name

Address

Phone _____ Mobile

Email

Notes

Date / Time	Service	Price
	NOTES	
	NOTES	
	NOTES	
	NOTES	
	NOTES	
	NOTES	
	NOTES	
	NOTES	
	NOTES	
	NOTES	
	NOTES	
	NOTES	
	NOTES	
	NOTES	

Client Name

Address

Phone   Mobile

Email

Notes

Date / Time	Service	Price
	NOTES	
	NOTES	
	NOTES	
	NOTES	
	NOTES	
	NOTES	
	NOTES	
	NOTES	
	NOTES	
	NOTES	
	NOTES	
	NOTES	
	NOTES	
	NOTES	

Client Name

Address

Phone_____ Mobile_____

Email

Notes

Date / Time	Service	Price
	NOTES	
	NOTES	
	NOTES	
	NOTES	
	NOTES	
	NOTES	
	NOTES	
	NOTES	
	NOTES	
	NOTES	
	NOTES	
	NOTES	
	NOTES	
	NOTES	

Client Name

Address

Phone   Mobile

Email

Notes

Date / Time	Service	Price
	NOTES	
	NOTES	
	NOTES	
	NOTES	
	NOTES	
	NOTES	
	NOTES	
	NOTES	
	NOTES	
	NOTES	
	NOTES	
	NOTES	
	NOTES	
	NOTES	

Client Name

Address

Phone   Mobile

Email

Notes

Date / Time	Service	Price
	NOTES	
	NOTES	
	NOTES	
	NOTES	
	NOTES	
	NOTES	
	NOTES	
	NOTES	
	NOTES	
	NOTES	
	NOTES	
	NOTES	
	NOTES	
	NOTES	

Client Name

Address

Phone _____ Mobile _____

Email

Notes

Date / Time	Service	Price
	NOTES	
	NOTES	
	NOTES	
	NOTES	
	NOTES	
	NOTES	
	NOTES	
	NOTES	
	NOTES	
	NOTES	
	NOTES	
	NOTES	
	NOTES	
	NOTES	

Client Name

Address

Phone   Mobile

Email

Notes

Date / Time	Service	Price
	NOTES	
	NOTES	
	NOTES	
	NOTES	
	NOTES	
	NOTES	
	NOTES	
	NOTES	
	NOTES	
	NOTES	
	NOTES	
	NOTES	
	NOTES	
	NOTES	

Client Name

Address

Phone   Mobile

Email

Notes

Date / Time	Service	Price
	NOTES	
	NOTES	
	NOTES	
	NOTES	
	NOTES	
	NOTES	
	NOTES	
	NOTES	
	NOTES	
	NOTES	
	NOTES	
	NOTES	
	NOTES	
	NOTES	

Client Name

Address

Phone _____ Mobile _____

Email

Notes

Date / Time	Service	Price
	NOTES	
	NOTES	
	NOTES	
	NOTES	
	NOTES	
	NOTES	
	NOTES	
	NOTES	
	NOTES	
	NOTES	
	NOTES	
	NOTES	
	NOTES	
	NOTES	

A B C D **E** F G H I J K L M N O P Q R S T U V W X Y Z

Client Name

Address

Phone   Mobile

Email

Notes

Date / Time	Service	Price
	NOTES	
	NOTES	
	NOTES	
	NOTES	
	NOTES	
	NOTES	
	NOTES	
	NOTES	
	NOTES	
	NOTES	
	NOTES	
	NOTES	
	NOTES	
	NOTES	

Client Name

Address

Phone   Mobile

Email

Notes

Date / Time	Service	Price
	NOTES	
	NOTES	
	NOTES	
	NOTES	
	NOTES	
	NOTES	
	NOTES	
	NOTES	
	NOTES	
	NOTES	
	NOTES	
	NOTES	
	NOTES	
	NOTES	

Client Name

Address

Phone   Mobile

Email

Notes

Date / Time	Service	Price
	NOTES	
	NOTES	
	NOTES	
	NOTES	
	NOTES	
	NOTES	
	NOTES	
	NOTES	
	NOTES	
	NOTES	
	NOTES	
	NOTES	
	NOTES	
	NOTES	

Client Name

Address

Phone   Mobile

Email

Notes

Date / Time	Service	Price
	NOTES	
	NOTES	
	NOTES	
	NOTES	
	NOTES	
	NOTES	
	NOTES	
	NOTES	
	NOTES	
	NOTES	
	NOTES	
	NOTES	
	NOTES	
	NOTES	

Client Name

Address

Phone   Mobile

Email

Notes

F

Date / Time	Service	Price
	NOTES	
	NOTES	
	NOTES	
	NOTES	
	NOTES	
	NOTES	
	NOTES	
	NOTES	
	NOTES	
	NOTES	
	NOTES	
	NOTES	
	NOTES	
	NOTES	

A B C D E G H I J K L M N O P Q R S T U V W X Y Z

Client Name

Address

Phone   Mobile

Email

Notes

Date / Time	Service	Price
	NOTES	
	NOTES	
	NOTES	
	NOTES	
	NOTES	
	NOTES	
	NOTES	
	NOTES	
	NOTES	
	NOTES	
	NOTES	
	NOTES	
	NOTES	

Client Name

Address

Phone   Mobile

Email

Notes

A
B
C
D
E
G
H
I
J
K
L
M
N
O
P
Q
R
S
T
U
V
W
X
Y
Z

Date / Time	Service	Price
	NOTES	
	NOTES	
	NOTES	
	NOTES	
	NOTES	
	NOTES	
	NOTES	
	NOTES	
	NOTES	
	NOTES	
	NOTES	
	NOTES	
	NOTES	
	NOTES	

Client Name

Address

Phone _____ Mobile _____

Email

Notes

G

Date / Time	Service	Price
	NOTES	
	NOTES	
	NOTES	
	NOTES	
	NOTES	
	NOTES	
	NOTES	
	NOTES	
	NOTES	
	NOTES	
	NOTES	
	NOTES	
	NOTES	
	NOTES	

Client Name

Address

Phone _____ Mobile _____

Email

Notes

Date / Time	Service	Price
	NOTES	
	NOTES	
	NOTES	
	NOTES	
	NOTES	
	NOTES	
	NOTES	
	NOTES	
	NOTES	
	NOTES	
	NOTES	
	NOTES	
	NOTES	
	NOTES	

A
B
C
D
E
F
G
H
I
J
K
L
M
N
O
P
Q
R
S
T
U
V
W
X
Y
Z

Client Name

Address

Phone   Mobile

Email

Notes

G

Date / Time	Service	Price
	NOTES	
	NOTES	
	NOTES	
	NOTES	
	NOTES	
	NOTES	
	NOTES	
	NOTES	
	NOTES	
	NOTES	
	NOTES	
	NOTES	
	NOTES	
	NOTES	

Client Name

Address

Phone _____ Mobile _____

Email

Notes

Date / Time	Service	Price
	NOTES	
	NOTES	
	NOTES	
	NOTES	
	NOTES	
	NOTES	
	NOTES	
	NOTES	
	NOTES	
	NOTES	
	NOTES	
	NOTES	
	NOTES	
	NOTES	

A
B
C
D
E
F
G
H
I
J
K
L
M
N
O
P
Q
R
S
T
U
V
W
X
Y
Z

Client Name

Address

Phone   Mobile

Email

Notes

Date / Time	Service	Price
	NOTES	
	NOTES	
	NOTES	
	NOTES	
	NOTES	
	NOTES	
	NOTES	
	NOTES	
	NOTES	
	NOTES	
	NOTES	
	NOTES	
	NOTES	
	NOTES	

Client Name

Address

Phone   Mobile

Email

Notes

Date / Time	Service	Price
	NOTES	
	NOTES	
	NOTES	
	NOTES	
	NOTES	
	NOTES	
	NOTES	
	NOTES	
	NOTES	
	NOTES	
	NOTES	
	NOTES	
	NOTES	
	NOTES	

A
B
C
D
E
F
G
H
I
J
K
L
M
N
O
P
Q
R
S
T
U
V
W
X
Y
Z

A
B
C
D
E
F
G

Client Name

Address

Phone   Mobile

Email

Notes

H

Date / Time	Service	Price
	NOTES	
	NOTES	
	NOTES	
	NOTES	
	NOTES	
	NOTES	
	NOTES	
	NOTES	
	NOTES	
	NOTES	
	NOTES	
	NOTES	
	NOTES	
	NOTES	

I
J
K
L
M
N
O
P
Q
R
S
T
U
V
W
X
Y
Z

Client Name

Address

Phone   Mobile

Email

Notes

Date / Time	Service	Price
	NOTES	
	NOTES	
	NOTES	
	NOTES	
	NOTES	
	NOTES	
	NOTES	
	NOTES	
	NOTES	
	NOTES	
	NOTES	
	NOTES	
	NOTES	
	NOTES	

A B C D E F G H I J K L M N O P Q R S T U V W X Y Z

Client Name

Address

Phone _____ Mobile _____

Email

Notes

Date / Time	Service	Price
	NOTES	
	NOTES	
	NOTES	
	NOTES	
	NOTES	
	NOTES	
	NOTES	
	NOTES	
	NOTES	
	NOTES	
	NOTES	
	NOTES	
	NOTES	
	NOTES	

Client Name

Address

Phone _____ Mobile _____

Email

Notes

Date / Time	Service	Price
	NOTES	
	NOTES	
	NOTES	
	NOTES	
	NOTES	
	NOTES	
	NOTES	
	NOTES	
	NOTES	
	NOTES	
	NOTES	
	NOTES	
	NOTES	
	NOTES	

A B C D E F G H I J K L M N O P Q R S T U V W X Y Z

Client Name

Address

Phone _____ Mobile _____

Email

Notes

Date / Time	Service	Price
	NOTES	
	NOTES	
	NOTES	
	NOTES	
	NOTES	
	NOTES	
	NOTES	
	NOTES	
	NOTES	
	NOTES	
	NOTES	
	NOTES	
	NOTES	
	NOTES	

Client Name

Address

Phone   Mobile

Email

Notes

Date / Time	Service	Price
	NOTES	
	NOTES	
	NOTES	
	NOTES	
	NOTES	
	NOTES	
	NOTES	
	NOTES	
	NOTES	
	NOTES	
	NOTES	
	NOTES	
	NOTES	
	NOTES	

A
B
C
D
E
F
G

H

I
J
K
L
M
N
O
P
Q
R
S
T
U
V
W
X
Y
Z

A B C D E F G H I J K L M N O P Q R S T U V W X Y Z

Client Name

Address

Phone _____ Mobile _____

Email

Notes

Date / Time	Service	Price
	NOTES	
	NOTES	
	NOTES	
	NOTES	
	NOTES	
	NOTES	
	NOTES	
	NOTES	
	NOTES	
	NOTES	
	NOTES	
	NOTES	
	NOTES	
	NOTES	

Client Name

Address

Phone   Mobile

Email

Notes

Date / Time	Service	Price
	NOTES	
	NOTES	
	NOTES	
	NOTES	
	NOTES	
	NOTES	
	NOTES	
	NOTES	
	NOTES	
	NOTES	
	NOTES	
	NOTES	
	NOTES	
	NOTES	

A
B
C
D
E
F
G
H
I
J
K
L
M
N
O
P
Q
R
S
T
U
V
W
X
Y
Z

Client Name

Address

Phone _____ Mobile _____

Email

Notes

Date / Time	Service	Price
	NOTES	
	NOTES	
	NOTES	
	NOTES	
	NOTES	
	NOTES	
	NOTES	
	NOTES	
	NOTES	
	NOTES	
	NOTES	
	NOTES	
	NOTES	
	NOTES	

A B C D E F G H I J K L M N O P Q R S T U V W X Y Z

Client Name

Address

Phone   Mobile

Email

Notes

Date / Time	Service	Price
	NOTES	
	NOTES	
	NOTES	
	NOTES	
	NOTES	
	NOTES	
	NOTES	
	NOTES	
	NOTES	
	NOTES	
	NOTES	
	NOTES	
	NOTES	
	NOTES	

A
B
C
D
E
F
G
H
I
J
K
L
M
N
O
P
Q
R
S
T
U
V
W
X
Y
Z

Client Name

Address

Phone _____ Mobile _____

Email

Notes

Date / Time	Service	Price
	NOTES	
	NOTES	
	NOTES	
	NOTES	
	NOTES	
	NOTES	
	NOTES	
	NOTES	
	NOTES	
	NOTES	
	NOTES	
	NOTES	
	NOTES	
	NOTES	

Client Name

Address

Phone   Mobile

Email

Notes

Date / Time	Service	Price
	NOTES	
	NOTES	
	NOTES	
	NOTES	
	NOTES	
	NOTES	
	NOTES	
	NOTES	
	NOTES	
	NOTES	
	NOTES	
	NOTES	
	NOTES	
	NOTES	

Client Name

Address

Phone _____ Mobile _____

Email

Notes

Date / Time	Service	Price
	NOTES	
	NOTES	
	NOTES	
	NOTES	
	NOTES	
	NOTES	
	NOTES	
	NOTES	
	NOTES	
	NOTES	
	NOTES	
	NOTES	
	NOTES	
	NOTES	

Client Name

Address

Phone _____ Mobile _____

Email

Notes

Date / Time	Service	Price
	NOTES	
	NOTES	
	NOTES	
	NOTES	
	NOTES	
	NOTES	
	NOTES	
	NOTES	
	NOTES	
	NOTES	
	NOTES	
	NOTES	
	NOTES	
	NOTES	

A B C D E F G H I **J** K L M N O P Q R S T U V W X Y Z

Client Name

Address

Phone   Mobile

Email

Notes

Date / Time	Service	Price
	NOTES	
	NOTES	
	NOTES	
	NOTES	
	NOTES	
	NOTES	
	NOTES	
	NOTES	
	NOTES	
	NOTES	
	NOTES	
	NOTES	
	NOTES	

Client Name

Address

Phone   Mobile

Email

Notes

Date / Time	Service	Price
	NOTES	
	NOTES	
	NOTES	
	NOTES	
	NOTES	
	NOTES	
	NOTES	
	NOTES	
	NOTES	
	NOTES	
	NOTES	
	NOTES	
	NOTES	
	NOTES	

A B C D E F G H I J K L M N O P Q R S T U V W X Y Z

Client Name

Address

Phone _____ Mobile _____

Email

Notes

A B C D E F G H I J K L M N O P Q R S T U V W X Y Z

Date / Time	Service	Price
	NOTES	
	NOTES	
	NOTES	
	NOTES	
	NOTES	
	NOTES	
	NOTES	
	NOTES	
	NOTES	
	NOTES	
	NOTES	
	NOTES	
	NOTES	
	NOTES	

Client Name

Address

Phone _____ Mobile _____

Email

Notes

Date / Time	Service	Price
	NOTES	
	NOTES	
	NOTES	
	NOTES	
	NOTES	
	NOTES	
	NOTES	
	NOTES	
	NOTES	
	NOTES	
	NOTES	
	NOTES	
	NOTES	
	NOTES	

A
B
C
D
E
F
G
H
I
J
K
L
M
N
O
P
Q
R
S
T
U
V
W
X
Y
Z

Client Name

Address

Phone _____ **Mobile** _____

Email

Notes

Date / Time	Service	Price
	NOTES	
	NOTES	
	NOTES	
	NOTES	
	NOTES	
	NOTES	
	NOTES	
	NOTES	
	NOTES	
	NOTES	
	NOTES	
	NOTES	
	NOTES	

A
B
C
D
E
F
G
H
I
J
K
L
M
N
O
P
Q
R
S
T
U
V
W
X
Y
Z

Client Name

Address

Phone   Mobile

Email

Notes

Date / Time	Service	Price
	NOTES	
	NOTES	
	NOTES	
	NOTES	
	NOTES	
	NOTES	
	NOTES	
	NOTES	
	NOTES	
	NOTES	
	NOTES	
	NOTES	
	NOTES	
	NOTES	

A
B
C
D
E
F
G
H
I
J
K
L
M
N
O
P
Q
R
S
T
U
V
W
X
Y
Z

Client Name

Address

Phone _____ Mobile _____

Email

Notes

Date / Time	Service	Price
	NOTES	
	NOTES	
	NOTES	
	NOTES	
	NOTES	
	NOTES	
	NOTES	
	NOTES	
	NOTES	
	NOTES	
	NOTES	
	NOTES	
	NOTES	
	NOTES	

Client Name_____

Address ....

....

Phone_____ Mobile_____

Email_____

Notes ....

....

Date / Time	Service	Price
	NOTES	
	NOTES	
	NOTES	
	NOTES	
	NOTES	
	NOTES	
	NOTES	
	NOTES	
	NOTES	
	NOTES	
	NOTES	
	NOTES	
	NOTES	
	NOTES	

A
B
C
D
E
F
G
H
I
J
K
L
M
N
O
P
Q
R
S
T
U
V
W
X
Y
Z

A
B
C
D
E
F
G
H
I
J

Client Name

Address

Phone   Mobile

Email

Notes

K

Date / Time	Service	Price
	NOTES	
	NOTES	
	NOTES	
	NOTES	
	NOTES	
	NOTES	
	NOTES	
	NOTES	
	NOTES	
	NOTES	
	NOTES	
	NOTES	
	NOTES	

L
M
N
O
P
Q
R
S
T
U
V
W
X
Y
Z

Client Name

Address

Phone   Mobile

Email

Notes

Date / Time	Service	Price
	NOTES	
	NOTES	
	NOTES	
	NOTES	
	NOTES	
	NOTES	
	NOTES	
	NOTES	
	NOTES	
	NOTES	
	NOTES	
	NOTES	
	NOTES	
	NOTES	

A
B
C
D
E
F
G
H
I
J
K
L
M
N
O
P
Q
R
S
T
U
V
W
X
Y
Z

A
B
C
D
E
F
G
H
I
J
K
L
M
N
O
P
Q
R
S
T
U
V
W
X
Y
Z

Client Name

Address

Phone _____ Mobile

Email

Notes

Date / Time	Service	Price
	NOTES	
	NOTES	
	NOTES	
	NOTES	
	NOTES	
	NOTES	
	NOTES	
	NOTES	
	NOTES	
	NOTES	
	NOTES	
	NOTES	
	NOTES	

Client Name

Address

Phone   Mobile

Email

Notes

Date / Time	Service	Price
	NOTES	
	NOTES	
	NOTES	
	NOTES	
	NOTES	
	NOTES	
	NOTES	
	NOTES	
	NOTES	
	NOTES	
	NOTES	
	NOTES	
	NOTES	
	NOTES	

A B C D E F G H I J K L M N O P Q R S T U V W X Y Z

Client Name

Address

Phone   Mobile

Email

Notes

Date / Time	Service	Price
	NOTES	
	NOTES	
	NOTES	
	NOTES	
	NOTES	
	NOTES	
	NOTES	
	NOTES	
	NOTES	
	NOTES	
	NOTES	
	NOTES	
	NOTES	
	NOTES	

Client Name

Address

Phone   Mobile

Email

Notes

Date / Time	Service	Price
	NOTES	
	NOTES	
	NOTES	
	NOTES	
	NOTES	
	NOTES	
	NOTES	
	NOTES	
	NOTES	
	NOTES	
	NOTES	
	NOTES	
	NOTES	
	NOTES	

Client Name

Address

Phone _____ Mobile _____

Email

Notes

A B C D E F G H I J K **L** M N O P Q R S T U V W X Y Z

Date / Time	Service	Price
	NOTES	
	NOTES	
	NOTES	
	NOTES	
	NOTES	
	NOTES	
	NOTES	
	NOTES	
	NOTES	
	NOTES	
	NOTES	
	NOTES	
	NOTES	
	NOTES	

Client Name

Address

Phone _____ Mobile _____

Email

Notes

Date / Time	Service	Price
	NOTES	
	NOTES	
	NOTES	
	NOTES	
	NOTES	
	NOTES	
	NOTES	
	NOTES	
	NOTES	
	NOTES	
	NOTES	
	NOTES	
	NOTES	
	NOTES	

A
B
C
D
E
F
G
H
I
J
K

L
M
N
O
P
Q
R
S
T
U
V
W
X
Y
Z

Client Name

Address

Phone _____ Mobile

Email

Notes

Date / Time	Service	Price
	NOTES	
	NOTES	
	NOTES	
	NOTES	
	NOTES	
	NOTES	
	NOTES	
	NOTES	
	NOTES	
	NOTES	
	NOTES	
	NOTES	
	NOTES	
	NOTES	

Client Name

Address

Phone   Mobile

Email

Notes

Date / Time	Service	Price
	NOTES	
	NOTES	
	NOTES	
	NOTES	
	NOTES	
	NOTES	
	NOTES	
	NOTES	
	NOTES	
	NOTES	
	NOTES	
	NOTES	
	NOTES	
	NOTES	

Client Name

Address

Phone _____ Mobile _____

Email

Notes

Date / Time	Service	Price
	NOTES	
	NOTES	
	NOTES	
	NOTES	
	NOTES	
	NOTES	
	NOTES	
	NOTES	
	NOTES	
	NOTES	
	NOTES	
	NOTES	
	NOTES	
	NOTES	

Client Name

Address

Phone   Mobile

Email

Notes

Date / Time	Service	Price
	NOTES	
	NOTES	
	NOTES	
	NOTES	
	NOTES	
	NOTES	
	NOTES	
	NOTES	
	NOTES	
	NOTES	
	NOTES	
	NOTES	
	NOTES	
	NOTES	

Client Name

Address

Phone _____ Mobile _____

Email

Notes

Date / Time	Service	Price
	NOTES	
	NOTES	
	NOTES	
	NOTES	
	NOTES	
	NOTES	
	NOTES	
	NOTES	
	NOTES	
	NOTES	
	NOTES	
	NOTES	
	NOTES	
	NOTES	

A B C D E F G H I J K L M N O P Q R S T U V W X Y Z

Client Name

Address

Phone   Mobile

Email

Notes

Date / Time	Service	Price
	NOTES	
	NOTES	
	NOTES	
	NOTES	
	NOTES	
	NOTES	
	NOTES	
	NOTES	
	NOTES	
	NOTES	
	NOTES	
	NOTES	
	NOTES	
	NOTES	

Client Name

Address

Phone _____ Mobile _____

Email

Notes

Date / Time	Service	Price
	NOTES	
	NOTES	
	NOTES	
	NOTES	
	NOTES	
	NOTES	
	NOTES	
	NOTES	
	NOTES	
	NOTES	
	NOTES	
	NOTES	
	NOTES	
	NOTES	

A B C D E F G H I J K L M **N** O P Q R S T U V W X Y Z

Client Name

Address

Phone _____ Mobile

Email

Notes

Date / Time	Service	Price
	NOTES	
	NOTES	
	NOTES	
	NOTES	
	NOTES	
	NOTES	
	NOTES	
	NOTES	
	NOTES	
	NOTES	
	NOTES	
	NOTES	
	NOTES	
	NOTES	

A
B
C
D
E
F
G
H
I
J
K
L
M
N
O
P
Q
R
S
T
U
V
W
X
Y
Z

Client Name_____

Address ....

....

Phone _____ Mobile _____

Email ....

Notes ....

....

Date / Time	Service	Price
....	.... NOTES	
....	.... NOTES	
....	.... NOTES	
....	.... NOTES	
....	.... NOTES	
....	.... NOTES	
....	.... NOTES	
....	.... NOTES	
....	.... NOTES	
....	.... NOTES	
....	.... NOTES	
....	.... NOTES	
....	.... NOTES	
....	.... NOTES	

A
B
C
D
E
F
G
H
I
J
K
L
M
N
O
P
Q
R
S
T
U
V
W
X
Y
Z

Client Name

Address

Phone _____ Mobile _____

Email

Notes

Date / Time	Service	Price
	NOTES	
	NOTES	
	NOTES	
	NOTES	
	NOTES	
	NOTES	
	NOTES	
	NOTES	
	NOTES	
	NOTES	
	NOTES	
	NOTES	
	NOTES	
	NOTES	

A
B
C
D
E
F
G
H
I
J
K
L
M

N

O
P
Q
R
S
T
U
V
W
X
Y
Z

Client Name

Address

Phone _____ Mobile _____

Email

Notes

Date / Time	Service	Price
	NOTES	
	NOTES	
	NOTES	
	NOTES	
	NOTES	
	NOTES	
	NOTES	
	NOTES	
	NOTES	
	NOTES	
	NOTES	
	NOTES	
	NOTES	
	NOTES	

Client Name

Address

Phone _____ Mobile _____

Email

Notes

Date / Time	Service	Price
	NOTES	
	NOTES	
	NOTES	
	NOTES	
	NOTES	
	NOTES	
	NOTES	
	NOTES	
	NOTES	
	NOTES	
	NOTES	
	NOTES	
	NOTES	
	NOTES	

Client Name

Client Name

Address

Phone _____ Mobile _____

Email

Notes

Date / Time	Service	Price
	NOTES	
	NOTES	
	NOTES	
	NOTES	
	NOTES	
	NOTES	
	NOTES	
	NOTES	
	NOTES	
	NOTES	
	NOTES	
	NOTES	
	NOTES	

A B C D E F G H I J K L M N O P Q R S T U V W X Y Z

Client Name

Client Name _____

- Address ....
  ....
- Phone _____ Mobile _____
- Email ....
- Notes ....
  ....

Date / Time	Service	Price
....	.... NOTES	
....	.... NOTES	
....	.... NOTES	
....	.... NOTES	
....	.... NOTES	
....	.... NOTES	
....	.... NOTES	
....	.... NOTES	
....	.... NOTES	
....	.... NOTES	
....	.... NOTES	
....	.... NOTES	
....	.... NOTES	
....	.... NOTES	

A B C D E F G H I J K L M N O P Q R S T U V W X Y Z

Client Name

Address

Phone _____ Mobile _____

Email

Notes

Date / Time	Service	Price
	NOTES	
	NOTES	
	NOTES	
	NOTES	
	NOTES	
	NOTES	
	NOTES	
	NOTES	
	NOTES	
	NOTES	
	NOTES	
	NOTES	
	NOTES	
	NOTES	

A B C D E F G H I J K L M N O P Q R S T U V W X Y Z

Client Name

Address

Phone   Mobile

Email

Notes

Date / Time	Service	Price
	NOTES	
	NOTES	
	NOTES	
	NOTES	
	NOTES	
	NOTES	
	NOTES	
	NOTES	
	NOTES	
	NOTES	
	NOTES	
	NOTES	
	NOTES	
	NOTES	

A
B
C
D
E
F
G
H
I
J
K
L
M
N
O
P
Q
R
S
T
U
V
W
X
Y
Z

Client Name

Address

Phone _____ Mobile _____

Email

Notes

Date / Time	Service	Price
	NOTES	
	NOTES	
	NOTES	
	NOTES	
	NOTES	
	NOTES	
	NOTES	
	NOTES	
	NOTES	
	NOTES	
	NOTES	
	NOTES	
	NOTES	
	NOTES	

Client Name

Address

Phone   Mobile

Email

Notes

Date / Time	Service	Price
	NOTES	
	NOTES	
	NOTES	
	NOTES	
	NOTES	
	NOTES	
	NOTES	
	NOTES	
	NOTES	
	NOTES	
	NOTES	
	NOTES	
	NOTES	
	NOTES	

A
B
C
D
E
F
G
H
I
J
K
L
M
N

O

P
Q
R
S
T
U
V
W
X
Y
Z

Client Name

Address

Phone _____ Mobile _____

Email

Notes

Date / Time	Service	Price
	NOTES	
	NOTES	
	NOTES	
	NOTES	
	NOTES	
	NOTES	
	NOTES	
	NOTES	
	NOTES	
	NOTES	
	NOTES	
	NOTES	
	NOTES	

Client Name

Address

Phone _____ Mobile _____

Email

Notes

Date / Time	Service	Price
	NOTES	
	NOTES	
	NOTES	
	NOTES	
	NOTES	
	NOTES	
	NOTES	
	NOTES	
	NOTES	
	NOTES	
	NOTES	
	NOTES	
	NOTES	
	NOTES	

A B C D E F G H I J K L M N O **P** Q R S T U V W X Y Z

Client Name

Address

Phone   Mobile

Email

Notes

Date / Time	Service	Price
	NOTES	
	NOTES	
	NOTES	
	NOTES	
	NOTES	
	NOTES	
	NOTES	
	NOTES	
	NOTES	
	NOTES	
	NOTES	
	NOTES	
	NOTES	

Client Name

Address

Phone   Mobile

Email

Notes

Date / Time	Service	Price
	NOTES	
	NOTES	
	NOTES	
	NOTES	
	NOTES	
	NOTES	
	NOTES	
	NOTES	
	NOTES	
	NOTES	
	NOTES	
	NOTES	
	NOTES	
	NOTES	

A B C D E F G H I J K L M N O **P** Q R S T U V W X Y Z

Client Name

Address

Phone

Mobile

Email

Notes

Date / Time	Service	Price
	NOTES	
	NOTES	
	NOTES	
	NOTES	
	NOTES	
	NOTES	
	NOTES	
	NOTES	
	NOTES	
	NOTES	
	NOTES	
	NOTES	
	NOTES	
	NOTES	

Client Name

Address

Phone   Mobile

Email

Notes

Date / Time	Service	Price
	NOTES	
	NOTES	
	NOTES	
	NOTES	
	NOTES	
	NOTES	
	NOTES	
	NOTES	
	NOTES	
	NOTES	
	NOTES	
	NOTES	
	NOTES	
	NOTES	

A B C D E F G H I J K L M N O P Q R S T U V W X Y Z

Client Name_____

Address ....

....

Phone _____ Mobile _____

Email _____

Notes ....

....

Date / Time	Service	Price
....	.... NOTES	
....	.... NOTES	
....	.... NOTES	
....	.... NOTES	
....	.... NOTES	
....	.... NOTES	
....	.... NOTES	
....	.... NOTES	
....	.... NOTES	
....	.... NOTES	
....	.... NOTES	
....	.... NOTES	
....	.... NOTES	
....	.... NOTES	

Client Name

Address

Phone   Mobile

Email

Notes

Date / Time	Service	Price
	NOTES	
	NOTES	
	NOTES	
	NOTES	
	NOTES	
	NOTES	
	NOTES	
	NOTES	
	NOTES	
	NOTES	
	NOTES	
	NOTES	
	NOTES	
	NOTES	

A
B
C
D
E
F
G
H
I
J
K
L
M
N
O
P

Q

R
S
T
U
V
W
X
Y
Z

Client Name

Address

Phone _____ Mobile _____

Email

Notes

Date / Time	Service	Price
	NOTES	
	NOTES	
	NOTES	
	NOTES	
	NOTES	
	NOTES	
	NOTES	
	NOTES	
	NOTES	
	NOTES	
	NOTES	
	NOTES	
	NOTES	
	NOTES	

A
B
C
D
E
F
G
H
I
J
K
L
M
N
O
P
Q
R
S
T
U
V
W
X
Y
Z

Client Name

Address

Phone   Mobile

Email

Notes

Date / Time	Service	Price
	NOTES	
	NOTES	
	NOTES	
	NOTES	
	NOTES	
	NOTES	
	NOTES	
	NOTES	
	NOTES	
	NOTES	
	NOTES	
	NOTES	
	NOTES	

A
B
C
D
E
F
G
H
I
J
K
L
M
N
O
P
Q
R
S
T
U
V
W
X
Y
Z

Client Name

Address

Phone _____ Mobile _____

Email

Notes

Date / Time	Service	Price
	NOTES	
	NOTES	
	NOTES	
	NOTES	
	NOTES	
	NOTES	
	NOTES	
	NOTES	
	NOTES	
	NOTES	
	NOTES	
	NOTES	
	NOTES	
	NOTES	

Client Name

Address

Phone   Mobile

Email

Notes

Date / Time	Service	Price
	NOTES	
	NOTES	
	NOTES	
	NOTES	
	NOTES	
	NOTES	
	NOTES	
	NOTES	
	NOTES	
	NOTES	
	NOTES	
	NOTES	
	NOTES	
	NOTES	

A
B
C
D
E
F
G
H
I
J
K
L
M
N
O
P
Q
R
S
T
U
V
W
X
Y
Z

Client Name

Address

Phone _____ Mobile _____

Email

Notes

Date / Time	Service	Price
	NOTES	
	NOTES	
	NOTES	
	NOTES	
	NOTES	
	NOTES	
	NOTES	
	NOTES	
	NOTES	
	NOTES	
	NOTES	
	NOTES	
	NOTES	
	NOTES	

Client Name

Address

Phone   Mobile

Email

Notes

Date / Time	Service	Price
	NOTES	
	NOTES	
	NOTES	
	NOTES	
	NOTES	
	NOTES	
	NOTES	
	NOTES	
	NOTES	
	NOTES	
	NOTES	
	NOTES	
	NOTES	
	NOTES	

Client Name

Address

Phone _____ Mobile

Email

Notes

Date / Time	Service	Price
	NOTES	
	NOTES	
	NOTES	
	NOTES	
	NOTES	
	NOTES	
	NOTES	
	NOTES	
	NOTES	
	NOTES	
	NOTES	
	NOTES	
	NOTES	
	NOTES	

A B C D E F G H I J K L M N O P Q **R** S T U V W X Y Z

Client Name

Address

Phone   Mobile

Email

Notes

Date / Time	Service	Price
	NOTES	
	NOTES	
	NOTES	
	NOTES	
	NOTES	
	NOTES	
	NOTES	
	NOTES	
	NOTES	
	NOTES	
	NOTES	
	NOTES	
	NOTES	
	NOTES	

A
B
C
D
E
F
G
H
I
J
K
L
M
N
O
P
Q
R
S
T
U
V
W
X
Y
Z

A
B
C
D
E
F
G
H
I
J
K
L
M
N
O
P
Q
R
S
T
U
V
W
X
Y
Z

Client Name

Address

Phone_____ Mobile_____

Email

Notes

Date / Time	Service	Price
	NOTES	
	NOTES	
	NOTES	
	NOTES	
	NOTES	
	NOTES	
	NOTES	
	NOTES	
	NOTES	
	NOTES	
	NOTES	
	NOTES	
	NOTES	
	NOTES	

Client Name

Address

Phone   Mobile

Email

Notes

Date / Time	Service	Price
	NOTES	
	NOTES	
	NOTES	
	NOTES	
	NOTES	
	NOTES	
	NOTES	
	NOTES	
	NOTES	
	NOTES	
	NOTES	
	NOTES	
	NOTES	

A
B
C
D
E
F
G
H
I
J
K
L
M
N
O
P
Q
R
S
T
U
V
W
X
Y
Z

A
B
C
D
E
F
G
H
I
J
K
L
M
N
O
P
Q
R
S
T
U
V
W
X
Y
Z

Client Name

Address

Phone   Mobile

Email

Notes

Date / Time	Service	Price
	NOTES	
	NOTES	
	NOTES	
	NOTES	
	NOTES	
	NOTES	
	NOTES	
	NOTES	
	NOTES	
	NOTES	
	NOTES	
	NOTES	
	NOTES	
	NOTES	

Client Name

Address

Phone _____ Mobile _____

Email

Notes

Date / Time	Service	Price
	NOTES	
	NOTES	
	NOTES	
	NOTES	
	NOTES	
	NOTES	
	NOTES	
	NOTES	
	NOTES	
	NOTES	
	NOTES	
	NOTES	
	NOTES	
	NOTES	

A
B
C
D
E
F
G
H
I
J
K
L
M
N
O
P
Q
R

S
T
U
V
W
X
Y
Z

Client Name

Address

Phone_____ Mobile_____

Email

Notes

Date / Time	Service	Price
	NOTES	
	NOTES	
	NOTES	
	NOTES	
	NOTES	
	NOTES	
	NOTES	
	NOTES	
	NOTES	
	NOTES	
	NOTES	
	NOTES	
	NOTES	
	NOTES	

Client Name

Address

Phone_____ Mobile_____

Email

Notes

Date / Time	Service	Price
	NOTES	
	NOTES	
	NOTES	
	NOTES	
	NOTES	
	NOTES	
	NOTES	
	NOTES	
	NOTES	
	NOTES	
	NOTES	
	NOTES	
	NOTES	
	NOTES	

A
B
C
D
E
F
G
H
I
J
K
L
M
N
O
P
Q
R
S
T
U
V
W
X
Y
Z

Client Name

Address

Phone _____ Mobile _____

Email

Notes

Date / Time	Service	Price
	NOTES	
	NOTES	
	NOTES	
	NOTES	
	NOTES	
	NOTES	
	NOTES	
	NOTES	
	NOTES	
	NOTES	
	NOTES	
	NOTES	
	NOTES	
	NOTES	

A
B
C
D
E
F
G
H
I
J
K
L
M
N
O
P
Q
R
S
T
U
V
W
X
Y
Z

Client Name

Address

Phone   Mobile

Email

Notes

Date / Time	Service	Price
	NOTES	
	NOTES	
	NOTES	
	NOTES	
	NOTES	
	NOTES	
	NOTES	
	NOTES	
	NOTES	
	NOTES	
	NOTES	
	NOTES	
	NOTES	
	NOTES	

A
B
C
D
E
F
G
H
I
J
K
L
M
N
O
P
Q
R
S
T
U
V
W
X
Y
Z

A
B
C
D
E
F
G
H
I
J
K
L
M
N
O
P
Q
R
S
T
U
V
W
X
Y
Z

Client Name

Address

Phone   Mobile

Email

Notes

Date / Time	Service	Price
	NOTES	
	NOTES	
	NOTES	
	NOTES	
	NOTES	
	NOTES	
	NOTES	
	NOTES	
	NOTES	
	NOTES	
	NOTES	
	NOTES	
	NOTES	
	NOTES	

Client Name

Address

Phone   Mobile

Email

Notes

Date / Time	Service	Price
	NOTES	
	NOTES	
	NOTES	
	NOTES	
	NOTES	
	NOTES	
	NOTES	
	NOTES	
	NOTES	
	NOTES	
	NOTES	
	NOTES	
	NOTES	
	NOTES	

A
B
C
D
E
F
G
H
I
J
K
L
M
N
O
P
Q
R
S
T
U
V
W
X
Y
Z

Client Name

Address

Phone   Mobile

Email

Notes

Date / Time	Service	Price
	NOTES	
	NOTES	
	NOTES	
	NOTES	
	NOTES	
	NOTES	
	NOTES	
	NOTES	
	NOTES	
	NOTES	
	NOTES	
	NOTES	
	NOTES	

Client Name

Address

Phone   Mobile

Email

Notes

Date / Time	Service	Price
	NOTES	
	NOTES	
	NOTES	
	NOTES	
	NOTES	
	NOTES	
	NOTES	
	NOTES	
	NOTES	
	NOTES	
	NOTES	
	NOTES	
	NOTES	
	NOTES	

A B C D E F G H I J K L M N O P Q R S T U V W X Y Z

A B C D E F G H I J K L M N O P Q R S **T** U V W X Y Z

Client Name

Address

Phone   Mobile

Email

Notes

Date / Time	Service	Price
	NOTES	
	NOTES	
	NOTES	
	NOTES	
	NOTES	
	NOTES	
	NOTES	
	NOTES	
	NOTES	
	NOTES	
	NOTES	
	NOTES	
	NOTES	
	NOTES	

Client Name

Address

Phone   Mobile

Email

Notes

Date / Time	Service	Price
	NOTES	
	NOTES	
	NOTES	
	NOTES	
	NOTES	
	NOTES	
	NOTES	
	NOTES	
	NOTES	
	NOTES	
	NOTES	
	NOTES	
	NOTES	
	NOTES	

A
B
C
D
E
F
G
H
I
J
K
L
M
N
O
P
Q
R
S
T
U
V
W
X
Y
Z

Client Name

Address

Phone _____ Mobile _____

Email

Notes

Date / Time	Service	Price
	NOTES	
	NOTES	
	NOTES	
	NOTES	
	NOTES	
	NOTES	
	NOTES	
	NOTES	
	NOTES	
	NOTES	
	NOTES	
	NOTES	
	NOTES	

A B C D E F G H I J K L M N O P Q R S T **U** V W X Y Z

Client Name

Address

Phone _____ Mobile _____

Email

Notes

Date / Time	Service	Price
	NOTES	
	NOTES	
	NOTES	
	NOTES	
	NOTES	
	NOTES	
	NOTES	
	NOTES	
	NOTES	
	NOTES	
	NOTES	
	NOTES	
	NOTES	
	NOTES	

A
B
C
D
E
F
G
H
I
J
K
L
M
N
O
P
Q
R
S
T
U
V
W
X
Y
Z

Client Name

Address

Phone _____ Mobile _____

Email

Notes

Date / Time	Service	Price
	NOTES	
	NOTES	
	NOTES	
	NOTES	
	NOTES	
	NOTES	
	NOTES	
	NOTES	
	NOTES	
	NOTES	
	NOTES	
	NOTES	
	NOTES	
	NOTES	

A
B
C
D
E
F
G
H
I
J
K
L
M
N
O
P
Q
R
S
T

U

V
W
X
Y
Z

Client Name

Address

Phone _____ Mobile _____

Email

Notes

Date / Time	Service	Price
	NOTES	
	NOTES	
	NOTES	
	NOTES	
	NOTES	
	NOTES	
	NOTES	
	NOTES	
	NOTES	
	NOTES	
	NOTES	
	NOTES	
	NOTES	
	NOTES	

A
B
C
D
E
F
G
H
I
J
K
L
M
N
O
P
Q
R
S
T
U
V
W
X
Y
Z

A
B
C
D
E
F
G
H
I
J
K
L
M
N
O
P
Q
R
S
T
U
V
W
X
Y
Z

Client Name

Address

Phone   Mobile

Email

Notes

Date / Time	Service	Price
	NOTES	
	NOTES	
	NOTES	
	NOTES	
	NOTES	
	NOTES	
	NOTES	
	NOTES	
	NOTES	
	NOTES	
	NOTES	
	NOTES	
	NOTES	

Client Name

Address

Phone   Mobile

Email

Notes

Date / Time	Service	Price
	NOTES	
	NOTES	
	NOTES	
	NOTES	
	NOTES	
	NOTES	
	NOTES	
	NOTES	
	NOTES	
	NOTES	
	NOTES	
	NOTES	
	NOTES	
	NOTES	

A
B
C
D
E
F
G
H
I
J
K
L
M
N
O
P
Q
R
S
T
U
V
W
X
Y
Z

Client Name

Address

Phone _____ Mobile _____

Email

Notes

Date / Time	Service	Price
	NOTES	
	NOTES	
	NOTES	
	NOTES	
	NOTES	
	NOTES	
	NOTES	
	NOTES	
	NOTES	
	NOTES	
	NOTES	
	NOTES	
	NOTES	
	NOTES	

A
B
C
D
E
F
G
H
I
J
K
L
M
N
O
P
Q
R
S
T
U
V
W
X
Y
Z

Client Name

Address

Phone   Mobile

Email

Notes

Date / Time	Service	Price
	NOTES	
	NOTES	
	NOTES	
	NOTES	
	NOTES	
	NOTES	
	NOTES	
	NOTES	
	NOTES	
	NOTES	
	NOTES	
	NOTES	
	NOTES	
	NOTES	

A
B
C
D
E
F
G
H
I
J
K
L
M
N
O
P
Q
R
S
T
U

W
X
Y
Z

A B C D E F G H I J K L M N O P Q R S T U **V** W X Y Z

Client Name

Address

Phone   Mobile

Email

Notes

Date / Time	Service	Price
	NOTES	
	NOTES	
	NOTES	
	NOTES	
	NOTES	
	NOTES	
	NOTES	
	NOTES	
	NOTES	
	NOTES	
	NOTES	
	NOTES	
	NOTES	
	NOTES	

Client Name

Address

Phone   Mobile

Email

Notes

Date / Time	Service	Price
	NOTES	
	NOTES	
	NOTES	
	NOTES	
	NOTES	
	NOTES	
	NOTES	
	NOTES	
	NOTES	
	NOTES	
	NOTES	
	NOTES	
	NOTES	
	NOTES	

A B C D E F G H I J K L M N O P Q R S T U V W X Y Z

Client Name

Address

Phone   Mobile

Email

Notes

Date / Time	Service	Price
	NOTES	
	NOTES	
	NOTES	
	NOTES	
	NOTES	
	NOTES	
	NOTES	
	NOTES	
	NOTES	
	NOTES	
	NOTES	
	NOTES	
	NOTES	
	NOTES	

Client Name

Address

Phone   Mobile

Email

Notes

Date / Time	Service	Price
	NOTES	
	NOTES	
	NOTES	
	NOTES	
	NOTES	
	NOTES	
	NOTES	
	NOTES	
	NOTES	
	NOTES	
	NOTES	
	NOTES	
	NOTES	
	NOTES	

A B C D E F G H I J K L M N O P Q R S T U

W X Y Z

Client Name

Address

Phone   Mobile

Email

Notes

Date / Time	Service	Price
	NOTES	
	NOTES	
	NOTES	
	NOTES	
	NOTES	
	NOTES	
	NOTES	
	NOTES	
	NOTES	
	NOTES	
	NOTES	
	NOTES	
	NOTES	
	NOTES	

A B C D E F G H I J K L M N O P Q R S T U V **W** X Y Z

Client Name

Address

Phone _____ Mobile _____

Email

Notes

Date / Time	Service	Price
	NOTES	
	NOTES	
	NOTES	
	NOTES	
	NOTES	
	NOTES	
	NOTES	
	NOTES	
	NOTES	
	NOTES	
	NOTES	
	NOTES	
	NOTES	
	NOTES	

A
B
C
D
E
F
G
H
I
J
K
L
M
N
O
P
Q
R
S
T
U
V
W
X
Y
Z

Client Name

Address

Phone _____ Mobile _____

Email

Notes

Date / Time	Service	Price
	NOTES	
	NOTES	
	NOTES	
	NOTES	
	NOTES	
	NOTES	
	NOTES	
	NOTES	
	NOTES	
	NOTES	
	NOTES	
	NOTES	
	NOTES	
	NOTES	

A B C D E F G H I J K L M N O P Q R S T U V W X Y Z

Client Name

- Address
- Phone   Mobile
- Email
- Notes

Date / Time	Service	Price
	NOTES	
	NOTES	
	NOTES	
	NOTES	
	NOTES	
	NOTES	
	NOTES	
	NOTES	
	NOTES	
	NOTES	
	NOTES	
	NOTES	
	NOTES	
	NOTES	

A
B
C
D
E
F
G
H
I
J
K
L
M
N
O
P
Q
R
S
T
U
V

W

X
Y
Z

Client Name

Address

Phone _____ Mobile _____

Email

Notes

Date / Time	Service	Price
	NOTES	
	NOTES	
	NOTES	
	NOTES	
	NOTES	
	NOTES	
	NOTES	
	NOTES	
	NOTES	
	NOTES	
	NOTES	
	NOTES	
	NOTES	
	NOTES	

Client Name

Address

Phone   Mobile

Email

Notes

Date / Time	Service	Price
	NOTES	
	NOTES	
	NOTES	
	NOTES	
	NOTES	
	NOTES	
	NOTES	
	NOTES	
	NOTES	
	NOTES	
	NOTES	
	NOTES	
	NOTES	
	NOTES	

Client Name

Address

Phone_____ Mobile_____

Email

Notes

Date / Time	Service	Price
	NOTES	
	NOTES	
	NOTES	
	NOTES	
	NOTES	
	NOTES	
	NOTES	
	NOTES	
	NOTES	
	NOTES	
	NOTES	
	NOTES	
	NOTES	
	NOTES	

A B C D E F G H I J K L M N O P Q R S T U V W **X** Y Z

Client Name

Address

Phone   Mobile

Email

Notes

Date / Time	Service	Price
	NOTES	
	NOTES	
	NOTES	
	NOTES	
	NOTES	
	NOTES	
	NOTES	
	NOTES	
	NOTES	
	NOTES	
	NOTES	
	NOTES	
	NOTES	
	NOTES	

A
B
C
D
E
F
G
H
I
J
K
L
M
N
O
P
Q
R
S
T
U
V
W

X
Y
Z

Client Name

Address

Phone _____ Mobile _____

Email

Notes

Date / Time	Service	Price
	NOTES	
	NOTES	
	NOTES	
	NOTES	
	NOTES	
	NOTES	
	NOTES	
	NOTES	
	NOTES	
	NOTES	
	NOTES	
	NOTES	
	NOTES	
	NOTES	

A
B
C
D
E
F
G
H
I
J
K
L
M
N
O
P
Q
R
S
T
U
V
W

X
Y
Z

Client Name

Address

Phone   Mobile

Email

Notes

Date / Time	Service	Price
	NOTES	
	NOTES	
	NOTES	
	NOTES	
	NOTES	
	NOTES	
	NOTES	
	NOTES	
	NOTES	
	NOTES	
	NOTES	
	NOTES	
	NOTES	
	NOTES	

A B C D E F G H I J K L M N O P Q R S T U V W **X** Y Z

Client Name

Address

Phone   Mobile

Email

Notes

Date / Time	Service	Price
	NOTES	
	NOTES	
	NOTES	
	NOTES	
	NOTES	
	NOTES	
	NOTES	
	NOTES	
	NOTES	
	NOTES	
	NOTES	
	NOTES	
	NOTES	
	NOTES	

A
B
C
D
E
F
G
H
I
J
K
L
M
N
O
P
Q
R
S
T
U
V
W

X

Y
Z

Client Name

Address

Phone   Mobile

Email

Notes

Date / Time	Service	Price
	NOTES	
	NOTES	
	NOTES	
	NOTES	
	NOTES	
	NOTES	
	NOTES	
	NOTES	
	NOTES	
	NOTES	
	NOTES	
	NOTES	
	NOTES	
	NOTES	

A
B
C
D
E
F
G
H
I
J
K
L
M
N
O
P
Q
R
S
T
U
V
W

X

Y
Z

Client Name

Address

Phone   Mobile

Email

Notes

Date / Time	Service	Price
	NOTES	
	NOTES	
	NOTES	
	NOTES	
	NOTES	
	NOTES	
	NOTES	
	NOTES	
	NOTES	
	NOTES	
	NOTES	
	NOTES	
	NOTES	
	NOTES	

Client Name

Address

Phone   Mobile

Email

Notes

Date / Time	Service	Price
	NOTES	
	NOTES	
	NOTES	
	NOTES	
	NOTES	
	NOTES	
	NOTES	
	NOTES	
	NOTES	
	NOTES	
	NOTES	
	NOTES	
	NOTES	
	NOTES	

A
B
C
D
E
F
G
H
I
J
K
L
M
N
O
P
Q
R
S
T
U
V
W
X

Y
Z

Client Name

Address

Phone   Mobile

Email

Notes

Date / Time	Service	Price
	NOTES	
	NOTES	
	NOTES	
	NOTES	
	NOTES	
	NOTES	
	NOTES	
	NOTES	
	NOTES	
	NOTES	
	NOTES	
	NOTES	
	NOTES	
	NOTES	

Client Name

Address

Phone   Mobile

Email

Notes

Date / Time	Service	Price
	NOTES	
	NOTES	
	NOTES	
	NOTES	
	NOTES	
	NOTES	
	NOTES	
	NOTES	
	NOTES	
	NOTES	
	NOTES	
	NOTES	
	NOTES	
	NOTES	

A
B
C
D
E
F
G
H
I
J
K
L
M
N
O
P
Q
R
S
T
U
V
W
X
Y
Z

Client Name

Address

Phone   Mobile

Email

Notes

Date / Time	Service	Price
	NOTES	
	NOTES	
	NOTES	
	NOTES	
	NOTES	
	NOTES	
	NOTES	
	NOTES	
	NOTES	
	NOTES	
	NOTES	
	NOTES	
	NOTES	

A
B
C
D
E
F
G
H
I
J
K
L
M
N
O
P
Q
R
S
T
U
V
W
X
Y
Z